那該如何練習呢？

最簡單的原則就是：

❶讓孩子自己做：事前帶著孩子嘗試，事件發生時，給他們機會自己練習。

❷給孩子思考的時間：遇到事情避免直接給答案、或是高壓式的要求孩子遵守命令，讓他們能夠想一想再執行。

這樣的原則雖然清楚又好理解，但執行上卻有諸多困難，若非訓練有素的人員，很難做出合宜的引導，反而容易讓這樣的練習淪為空談，無法確實改善狀況。

透過繪本引導

在臨床與教育現場已經出現需求，但老師或家長很難從短短的一場研習講座中就掌握要領進行應用。

因此，在不斷思考該怎麼做的過程中，我發現共讀繪本，能在輕鬆的氣氛下開啟與孩子之間溝通的契機，因此我選擇以繪本的型態做為媒介，大人不僅能自然的和孩子討論一些常見的情境，還能利用設計過的編排方式練習，達到不錯的效果。

煞車失靈的後果

不論是控管情緒或增進專注力，都需要具備在不同情境下能即時「停下來」的能力，才有後續去思考的機會、抑制不必要的干擾。然而，能注意正確的訊息，是最基礎卻也是最困難的部分。

遇到衝突、突來的變化或刺激時，若無法即時踩住腦中的煞車，會產生不少影響，甚至長大之後，相同的反應仍會持續發生。

為了讓家長能以身作則成為示範，讓孩子從中學習踩煞車的方法，因此這本繪本誕生了。只要隨著本書的順序與孩子一起閱讀、一起思考討論，孩子就能在過程中，自然的預備執行能力、衝動控制能力，進而達到情緒管理和提升專注力。

如何使用這本書？

使用步驟

　　每篇的主題會設計一個常見情境，當大人陳述完或孩子閱讀完後，透過簡單的「停、想、選、做」四步驟，就可以達到良好的訓練效果。

① 停

大人和孩子一起練習「停下來」，不要馬上說出自己的想法。

這步最重要，要多多練習！

② 想

看到中間的「想想看」，請孩子思考並表達：「這樣的情境，你會有什麼感覺？你會怎麼做？」大人可一同表達自己的想法。

說完之後，對照是否有跟圖中四個顏色裡的狀況類似？試著想想不同的想法將會有什麼結果？沒有的話，就以自己的狀況來試想。

全部想完後翻到對應的頁數，去看看結果是否跟自己想的一樣呢？

也可以想完一個翻一個

③ 選

不論是否相同，最後和孩子討論：「哪一個結果你覺得最好呢？有沒有更好的？為什麼？如果是你，現在會怎麼做呢？」

④ 做

以後遇到事情，都試著練習「停」、「想」、「選」的順序，找出最好的做法後再行動吧！

隱藏用意

採用「延長思考」的編排方式，不讓孩子一眼看到結果，提供「停下來」的練習機會，與更多思考的時間。

| 看孩子對四種狀況不同的想法表現。 | → | 確認每個想法對應的頁數。 | 想好才能翻頁的「延長思考」設計。 | → | 孩子學會「停下來」思考。 |

分階訓練方法

初階 面對年紀較小、無法清楚陳述自己想法的孩子，家長可念出四個選項，讓他們想想自己的想法比較接近哪一種？

進階 孩子說完了自己的想法後，再請孩子「停下來」想想，別人可能會有哪些感覺或表現呢？可以想出越多越好，並且連後面的結果一起想，再一個一個對照看看有沒有雷同？並可延伸討論，你覺得什麼樣的人或是誰會這樣表現？跟你有關的話，你會怎麼辦？

家長可再把生活中遇到需要檢討的事件，或是書後面附的 8 張情境卡，套入這樣的公式中，帶著孩子練習。

利用最後附上的想想學習單，寫下想要討論或已發生過的事情，陪著孩子一起完成，並再重新做出更好的選擇。想想學習單可多複印幾份運用喔！

黃老斯貼心小提醒

大人千萬別對孩子說：「你看，這就是你呀！」如此可能會破壞了此這本繪本設計的美意、親子的共讀氣氛和彼此成長的機會。

使用繪本的內容練習，不僅可預備「停下來」的能力，也相當於是一種「預告」，雖然孩子遇到生活的狀況題，可能一時之間無法應用，但家長可以先記下來，冷靜過後和孩子討論和回顧情境，久而久之，自我控制的能力就能越來越進步，情緒穩定又能專注，有助於人際關係、學習各種事物並且更好的成長。

我們吵架了

黃彥鈞給孩子的情緒控制繪本

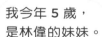

綺綺不會收玩具

遊戲時間結束了，媽媽請我把玩具放回原本的位置，才能洗手吃點心，但是以前媽媽都會幫我，所以我不知道要怎麼收拾。

沒辦法，我不會收，媽媽沒有教我。
請翻到第 10 頁

我要告訴媽媽我不會收，因為她以前沒有教我。
請翻到第 12 頁

想想看
如果是你的話，
會有什麼感覺呢？
你會怎麼做呢？

我不知道要怎麼收，但是我還是會聽媽媽的話試試看。
請翻到第 13 頁

東西太多了，我不會收，也不想要收。
請翻到第 11 頁

接著想想 這樣會有哪些不同的結果呢？跟爸媽討論後再翻面喔！ ➡

我沒有收，直接洗手吃點心。

媽媽說要先整理，收完才能繼續吃點心。

媽媽告訴我以後有不會的事，可以先問大人，不能放著不管。

我沒有收玩具，因為媽媽以前都會幫我收。

為什麼不收玩具？

我以為你會幫我收。

媽媽說這次不會幫我收，不會收的話可以問她，她會教我，但不能放著不管。

媽媽說以後自己的東西自己收，所以教我收拾的方法。

綺綺，玩具收好就可以過來吃點心唷！

媽媽聽我講了才知道我不會收，媽媽稱讚我這樣很棒。

媽媽很有耐心的教我，先把種類相同的玩具放在一起，分類好再收到箱子。

我一下子就學會了，也很快的收完，跟媽媽一起開心吃點心。

我ㄨㄛˇ把ㄅㄚˇ玩ㄨㄢˊ具ㄐㄩˋ都ㄉㄡ放ㄈㄤˋ在ㄗㄞˋ同ㄊㄨㄥˊ一ㄧˊ個ㄍㄜˋ玩ㄨㄢˊ具ㄐㄩˋ箱ㄒㄧㄤ，就ㄐㄧㄡˋ去ㄑㄩˋ洗ㄒㄧˇ手ㄕㄡˇ吃ㄔ點ㄉㄧㄢˇ心ㄒㄧㄣ了ㄌㄜ。

媽ㄇㄚ媽ㄇㄚ本ㄅㄣˇ來ㄌㄞˊ以ㄧˇ為ㄨㄟˊ我ㄨㄛˇ沒ㄇㄟˊ有ㄧㄡˇ好ㄏㄠˇ好ㄏㄠˇ收ㄕㄡ，問ㄨㄣˋ了ㄌㄜ我ㄨㄛˇ之ㄓ後ㄏㄡˋ才ㄘㄞˊ知ㄓ道ㄉㄠˋ我ㄨㄛˇ不ㄅㄨˊ會ㄏㄨㄟˋ收ㄕㄡ。

媽ㄇㄚ媽ㄇㄚ要ㄧㄠˋ我ㄨㄛˇ練ㄌㄧㄢˋ習ㄒㄧˊ分ㄈㄣ類ㄌㄟˋ玩ㄨㄢˊ具ㄐㄩˋ，學ㄒㄩㄝˊ習ㄒㄧˊ收ㄕㄡ拾ㄕˊ的ㄉㄜ方ㄈㄤ法ㄈㄚˇ。

布娃娃　積木　扮演

積木要放中間那一箱。

如果是你會怎麼做？哪一種方法最好？想想看，有沒有更好的辦法呢？

家長試一試

　　有些爸媽認為孩子不需要自己做所有的事，由大人來做既快又省時，孩子只要專心讀書學習就好；但事實上，放手讓他們做家事、強化生活自理能力，可有效培養孩子計劃能力，強化動作協調能力，遇到事情的應變能力也會變快，例如：晒衣服、擦桌子可訓練肩膀近端肌肉，寫字就不易手痠喊累；收拾玩具、搬動物品可加強肌肉關節感覺、增加手眼協調；還能從做家事與生活自理中培養責任感，獲得成就感。

　　家長可以這麼訓練孩子：

①透過孩子喜歡的卡通或書本角色，讓孩子學習模仿角色的自理行為。

②家長將日常動作的步驟分解，如：依孩子的想法，把玩具依照功能性、材質等類別分好，如：可以堆疊的積木、毛絨絨的布偶、扮演的玩具等，分好後，再一堆一堆的放進不同箱子。

　　好好的教導孩子，並給予機會多多練習，學齡前的孩子在食衣住行各方面能做到的事情比我們想的還要多。

作者的補充加油站

　　這幾年越來越多爸媽會問我：「孩子進入小學前需要具備什麼能力？」然後接著詢問，除了學簡單的認字寫字之外，是否要讓孩子學習外語、上才藝課或參加哪些活動？這些問題其實沒有標準答案，因為必須根據每個孩子的特質及興趣來做選擇。不過，在幫孩子安排各種不同的課程與活動之前，一定要讓孩子養成規律性及擁有符合年齡的生活自理能力。

　　「規律性」指的是「什麼時間做什麼事」，這樣不僅能讓孩子對時間的概念更加深刻，也能從一次次的練習中，覺察時間的流逝與自己的動作該用多少速度搭配，以完成該做的事情。

　　此外，有許多家庭在小孩上學後，因為孩子生活自理能力差而經常起衝突。孩子從起床到出門，從放學回家到就寢，當中所有的日常生活動作，如：吃飯、盥洗、整理書包等，若仍要爸媽頻頻提醒與協助，勢必會產生很多磨擦與不愉快。

　　在孩子成長的過程中一定要讓他們及早養成規律性及生活自理能力，如此一來便能打下未來進行探索世界的身心基礎，真的是一舉數得。

布布不亂吃糖果

學校來了一位新同學， 他準備糖果給同學一人一份， 我都好想吃唷！ 但我想到媽媽說吃糖果對身體不好， 而且有可能會蛀牙。

我有點想吃， 但我怕媽媽知道了會生氣， 所以我不敢吃！ 請翻到第 16 頁

我想吃， 因為這些糖果看起來都好好吃， 而且這次不吃的話， 下次就沒機會了。 請翻到第 18 頁

想想看
如果是你的話，會有什麼感覺呢？
你會怎麼做呢？

我不會吃， 因為生病和蛀牙好痛苦！

請翻到第 17 頁

我想吃， 但是糖果對身體不好， 所以我挑一個最想吃的就好。

請翻到第 19 頁

接著想想 這樣會有哪些不同的結果呢？跟爸媽討論後再翻面喔！ ➡ 15

我忍住不吃，我不想讓媽媽生氣難過。

我把糖果帶回家交給媽媽，媽媽很開心的稱讚我表現很好。

布布好棒！

媽媽說我因為乖乖聽話又忍住不吃糖，所以帶我去買喜歡的水果。

16

我沒有吃，我把糖果拿給老師。老師覺得我可以忍住不吃很厲害。

老師把這件事情告訴媽媽，媽媽覺得很開心。

媽媽說我長大了，會照顧身體了，要好好獎勵我。

布布長大了，變得很懂事。

我在學校把糖果全部吃完，好開心唷！

我回家吃不下晚餐，而且本來不痛的蛀牙，竟然開始痛了。

好痛！

媽媽打電話問老師，發現我吃了很多糖果，趕緊帶我去看牙醫，我嚇得大哭。

我只吃一個，雖然我還想吃，但剩下的糖果我都帶回家給媽媽。

媽媽稱讚我有好好學習忍耐。

我只吃一個糖果！

媽媽給我一個抱抱，還說以後我忍住不吃糖，會做美味的點心給我吃。

如果是你會怎麼做？哪一種方法最好？想想看，有沒有更好的辦法呢？

家長試一試

家長可以在愉悅輕鬆的狀態下和孩子聊一聊

①喜歡吃哪些食物？

②哪些食物會對身體帶來不好的影響？

③如果有人給了不好的食物該怎麼辦？例如：糖分太高、色素太多等。

透過這樣的討論，讓彼此更注重飲食的重要性，也能知道彼此喜歡什麼樣的口味跟烹調方式，一起為了健康與美味的均衡而調整，相信一家人都能因此受惠。

但，也請記得要在「平常」且「輕鬆」的狀態下討論，而不是在大人下班做飯、孩子放學回家，雙方都又餓又累的狀態下溝通唷！

作者的補充加油站

隨著健康知識日漸普及，越來越多爸媽開始注意孩子的飲食是否均衡、煩惱孩子的挑食問題。但當孩子不願意吃正餐或是挑食，大人因為害怕孩子餓肚子就妥協給孩子零食，或是直接跳過了有營養但孩子不愛吃的食物，反而會讓孩子的偏食情形變本加厲，進而影響到生長發育或是引起身心情緒的問題。

根據臨床經驗觀察，有些專注力不足、行為有問題、情緒控制不佳、人際社交有狀況的孩子，評估後發現竟然是因為飲食所致；部分孩子調整營食後能大幅改善，可見吃得是否健康，影響真的舉足輕重。

此外，顏色繽紛鮮豔，口味過重的零食、點心或飲料，是許多大人小孩都愛的東西，孩子也會跟著大人的偏好選擇這類食物。如果爸媽希望孩子能少接觸這類食物，並為孩子的健康把關，那麼就要減少這類食物出現在家中唷！

凱凱會交朋友了

到新開的親子館玩時，看到有沙坑可以玩，但是我沒有帶玩沙工具，此時，我旁邊有一個小朋友帶了好多種玩沙工具。

我想跟他借工具，不然玩沙子太無聊了！
請翻到第 25 頁

好羨慕那個小朋友有好多工具……
請翻到第 23 頁

想想看
如果是你的話，
會有什麼感覺呢？
你會怎麼做呢？

我想要借，但是我不敢。
請翻到第 24 頁

沒帶工具也沒辦法，這次我自己玩就好了。
請翻到第 22 頁

接著想想 這樣會有哪些不同的結果呢？跟爸媽討論後再翻面喔！ ➡ 21

我不想跟別人借東西。因為我不知道這裡有沙坑，下次我會記得自己帶。

我請媽媽跟我一起找找看有什麼東西可以挖土。

我們來找樹枝。

我們在地上發現小樹枝，還做了一個城堡，玩得很開心。

我來挖幾個窗戶。

請問，我可以跟你借工具玩嗎？

我很有禮貌的詢問小朋友可否借我工具。

好，但是我要用的時候就要還我喔！

小朋友答應了。

我們一起玩沙。

我們來堆超、超、超級高的城堡！

我趁他沒看到的時候，直接拿走玩沙工具。

我只是想借東西，他卻說我是小偷。

媽媽說跟別人借東西，一定要經過別人同意，我這樣是不對的行為，並帶著我去跟對方道歉。

我ㄨㄛ沒ㄇㄟ等ㄉㄥ小ㄒㄧㄠ朋ㄆㄥ友ㄧㄡ回ㄏㄨㄟ應ㄧㄥ就ㄐㄧㄡ直ㄓ接ㄐㄧㄝ拿ㄋㄚ走ㄗㄡ。

這個借我一下。

你怎麼亂動我東西。

小ㄒㄧㄠ朋ㄆㄥ友ㄧㄡ生ㄕㄥ氣ㄑㄧ了ㄌㄜ，他ㄊㄚ把ㄅㄚ東ㄉㄨㄥ西ㄒㄧ搶ㄑㄧㄤ回ㄏㄨㄟ去ㄑㄩ。

我又沒答應借你，你就拿走，我才不想借你！

你好小氣！

我ㄨㄛ生ㄕㄥ氣ㄑㄧ的ㄉㄜ坐ㄗㄨㄛ在ㄗㄞ地ㄉㄧ上ㄕㄤ。

如果是你會怎麼做？哪一種方法最好？想想看，有沒有更好的辦法呢？

家長試一試

借東西的情境相信對爸媽來講並不陌生，如果別的小朋友想要借孩子心愛的玩具或文具時，到底要不要借他呢？

這時候家長可以引導孩子想想：

①借東西給別人使用，希望他多久歸還？希望他怎麼使用？

②如果別人沒有依照約定好的時間還東西，或是弄壞東西時怎麼辦？

③不想借的話，為什麼不想借？怎麼告訴對方比較好？

孩子是否需要與他人分享自己的東西？為什麼需要？為什麼不需要？身為大人的我們，是否也樂於分享呢？做為父母在要求孩子的同時，也可以想想看這些問題。

與人分享是美德？是鄉愿？還是發自內心的喜悅？可以先跟孩子討論，如何適切的處理與反應。透過故事圖像的形式，在不同的情境中思考不同的因應措施，可以增加孩子待人處事的方法唷！

作者的補充加油站

有一首歌的歌詞是：「與你分享的快樂，勝過獨自擁有。」親身經歷過的人才能體會「施比受更有福」的箇中滋味，只是，在孩子的成長過程中，應該如何引導孩子呢？

從認知發展方面來看，一歲左右的孩子會開始離開照顧者去探索新環境，好奇心是發展過程中很重要的動機，成人這時最重要的是營造安全的環境讓他們盡情探索，此時可以慢慢建立他們認識危險、維護他人物品不可碰觸的概念。不過，真正願意主動分享東西大概會是從三歲開始，而且是從與爸媽的互動中學習。到了四歲左右，漸漸能理解他人感受，這時教導他們要徵得別人同意才能使用他人物品，孩子是可以接受並學會的。

了解孩子的發展進程，我們能預測孩子在每個年齡的表現與能力，也能有合理的期待，並適當的教導他們如何保護自己、區辨自己與他人的東西，以及是否能隨意使用等問題唷！

阿平發怒了！

今天我在堆積木時，小傑跑去洗手間，結果撞到我的積木，好不容易堆疊到一半的積木被他弄倒了，而且他沒有道歉！

我嚇到了！只想要大哭大叫！ 請翻到第 30 頁

我好生氣！我想要打他！ 請翻到第 29 頁

想想看
如果是你的話，會有什麼感覺呢？你會怎麼做呢？

我好生氣！我要去告訴老師！ 請翻到第 28 頁

我不開心！但是他應該很著急才會用跑的，我要請他跟我道歉。 請翻到第 31 頁

接著想想 這樣會有哪些不同的結果呢？跟爸媽討論後再翻面喔！ ➡

老師，你看，小傑撞倒我的積木。

我請老師來看倒掉的積木。

老師請小傑跟我道歉，又告訴他在教室用跑的很危險，要用走的才安全。

小傑說他不是故意的，希望我不要生氣，我們就握手合好了。

我這次堆的積木很好看，沒辦法再做一樣的造型了！我好生氣。

我打了小傑，他也打我，我們互打對方，都痛得大哭。

老師過來阻止我們打架。

有事情要用說的，不可以動手打人。

我太生氣，說不出話，只能一直大哭大叫！

我一直哭，吵到全班，老師安慰我，我才慢慢冷靜下來。

阿平，你怎麼在哭呢？發生什麼事情？

老師聽了之後，請小傑來跟我道歉。

大哭不能解決問題，以後可以直接請老師幫忙唷！

小傑上完廁所後，我請他過來。

你撞倒我的積木了，你應該和我說對不起。

小傑說他急著去廁所，沒發現撞倒積木。

對不起，我幫你一起重新堆積木。

雖然我感覺不開心，但還是原諒他。我們又一起玩了。

你看，像不像陀螺。

如果是你會怎麼做？哪一種方法最好？想想看，有沒有更好的辦法呢？

家長試一試

不論爸媽決定讓孩子幾歲去上學，建議在進幼兒園之前，盡量在自然輕鬆的情境下多累積經驗，幫助孩子增加適應新環境的能力。

可以試著這麼做：

①漸進式的和他人互動：從到親友家，與同年齡相仿的小孩一起玩；接著，踏出熟悉的人事物和環境，參加一週一至兩次的課程活動，一方面慢慢感受團體生活，一方面和新認識的小朋友固定見面；之後再到公園、親子館等地方，練習接觸陌生兒童。

②學習和別人一起玩：三歲以上的孩子開始可以和他人有互動，會有交談，會有共用玩具的行為，如：我想和你一起玩，我有娃娃你想玩看看嗎？我會學怕打針的小寶寶等。

過程中，請爸媽一定要記得觀察孩子比較缺乏的部分與問題，給予加強教導。孩子有很多行為模式與處世的反應都是跟著大人學習，因此，孩子從小養成和爸媽練習良性互動，對於奠定孩子的社交技巧基礎會更有幫助。

作者的補充加油站

社交人際技巧是職能治療師觀察孩子身心發展時一定會評估的部分，除了先天的狀況之外，後天的刺激是否足夠，也會影響到孩子的發展成熟度，若沒有給予適切引導與教育，孩子在團體生活中便容易與人產生摩擦，或出現大大小小的狀況。

三歲的孩子是可以開始學習交朋友的時機了，不僅能夠遵守遊戲規則，也能和其他孩子一起互動、交談、分享玩具，四歲之後可以和其他孩子玩合作遊戲，一起完成任務或作品；五到六歲時能開始玩競賽的遊戲，也能安靜的自己做事情，不會打擾他人。

學校環境雖然提供多元的情境與狀況，能讓孩子實踐和練習先前所學會的應對進退，他能有更多思考，不過家庭教育還是最根本的，畢竟孩子最常互動的對象，肯定是身旁的家人與親友，從上學前就要多多累積經驗，並非進入學校才踏出社交這一步。

人際關係的好壞，會左右孩子社會化的成熟度與其他表現，有些孩子會因為社交問題而出現身心狀況，影響生活與學業表現，所以建立人際關係的技巧是幫助孩子成長很重要的關鍵。

林家兄妹吵架了

林家四個人到餐廳吃晚餐，大家都好開心。到了餐廳要坐下時，哥哥想跟爸爸坐在一起，妹妹也想跟爸爸坐在一起。

為什麼妹妹要跟我搶著坐在爸爸旁邊呢？
請翻到第 34 頁

我好想要跟爸爸坐在一起吃飯！
請翻到第 35 頁

想想看
如果是你的話，會有什麼感覺呢？
你會怎麼做呢？

哥哥比我大，應該要讓我跟爸爸坐。
請翻到第 37 頁

我要跟爸爸坐！我就是要！
請翻到第 36 頁

接著想想 這樣會有哪些不同的結果呢？跟爸媽討論後再翻面喔！ ➡ 33

我怕爸爸媽媽要我讓妹妹。

我跟妹妹吵了起來。

我生氣的坐到媽媽旁邊，吃飯時每個人都不開心。

我看妹妹好像真的很希望跟爸爸坐，其實我也可以讓她啦⋯⋯。

妹妹看到我主動讓她，就很開心的跟我說謝謝。

那你跟爸爸一起坐吧！

媽媽說我長大、懂事了，讓妹妹不表示「輸了」，一家人開心吃飯最重要。

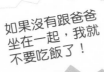

如果沒有跟爸爸
坐在一起，我就
不要吃飯了！

我著急的大吼。

如果繼續吵
架，大家都
不准吃飯！

我跟哥哥還是繼
續大吵大鬧。

爸爸媽媽看我們
吵架哭鬧，就決
定離開餐廳，直
接回家！

哥哥好像真的
很想要跟爸爸
一起坐。

這次你跟爸爸
一起坐好了，
下次換我。

我心想，哥哥常
常都讓著我，我
這次讓他好了，
這樣就不會吵架
了。

這次你可以選一
道想吃的菜唷！

爸爸覺得我很
貼心又乖巧。

如果是你會怎麼做？哪一種方法最好？想想看，有沒有更好的辦法呢？

家長試一試

孩子就是家長的一面鏡子，可以從中發現我們在教養中的優缺點，並不是孩子懂事就是成功，而是要看孩子與家人、他人的各種互動是否合宜？思想與價值觀是否能不偏頗，如：不傷害、攻擊、欺負人、不欺騙，能遵守規範等。

爸媽可以根據這次的事件情境，一起想想並討論：

①平常我們是怎麼相處的？

②遇到這樣的情形都怎麼處理呢？感覺如何呢？是不是有更好的方法呢？

③日常生活可以從哪裡開始改變呢？

從各種生活情境中，爸媽觀察在自己的言行後，孩子所給的反應與回饋，藉此嘗試不同的方法，找到親子相處和睦開心的平衡點，之後令人擔憂的事情一定會更少，幸福歡樂的時光會更多，讓家庭功能發揮得更好。

作者的補充加油站

家庭是社會化的第一個場所，孩子透過模仿雙親、家人的行為，漸漸影響其觀念的養成、習慣的塑造、待人接物的模式等，潛移默化的過程是如此不知不覺卻又深刻。

在校園演講，或在醫院上治療課時，我發現家庭問題、家人互動不理想，是造成孩子情緒問題、行為問題的很大原因；加上孩子會學習爸媽的說話方式、行為舉止，或是模仿電視、電玩裡或同儕的行為後，未被好好糾正，他們便可能認為世界就是這樣，於是也如此對待他人與父母，後來慢慢變成不合情境的不適切模樣。

好的家庭互動就是溫暖的避風港，不好的互動就會造成關係的裂痕，甚至或大或小的傷口，之後孩子容易變得不輕易相信別人；逃避家庭、以同儕為生活重心；想辦法壓抑、麻痺或轉移內心的痛，這是老師和專業人士最難介入的部分，家庭的重要性可見一斑。

小治的第一次校外教學

今天學校要去校外教學了，第一次搭車去外面，媽媽沒有在我身邊……

我想去，但是我會怕。請翻到第 41 頁

我好怕好怕，我只想要媽媽。請翻到第 40 頁

想想看
如果是你的話，會有什麼感覺呢？
你會怎麼做呢？

我好怕，我想哭。

請翻到第 42 頁

因為媽媽沒有去，所以我不想去了。

請翻到第 43 頁

接著想想 這樣會有哪些不同的結果呢？跟爸媽討論後再翻面喔！ ➡ 39

我因為太害怕，所以開始哭。大家都不知道我怎麼了。

小治，發生什麼事呢？

我一直哭，都說不出話，老師只好請媽媽來接我回家。

回家後媽媽問我為什麼哭，我才說因為我害怕出去玩沒有媽媽陪，然後我又不敢告訴老師。

我去告訴老師，
我想要媽媽陪。

老師幫我打電話
給媽媽。 媽媽在
電話中鼓勵我。

你可以和老師、同
學一起玩，你一定
辦的到，加油！

我決定坐上娃娃
車， 和大家一起
去玩。

我坐在你旁邊，
給你勇氣。

我忍住不哭，鼓起勇氣告訴老師我很害怕。

老師告訴我沒關係，他和同學都會陪我。

大家一起來幫他加油。

後來我就不怕了，我跟大家一起玩得很開心！

我們一起玩！

我忍住不哭，我告訴老師：「我不想去了，我想要媽媽來接我。」

老師問我為什麼不想去？

因為媽媽不在身邊，我會害怕。

老師請我最好的朋友和我坐在一起。我覺得好像沒那麼害怕了。

如果是你會怎麼辦呢？哪一種方法最好呢？想想看，有沒有更好的辦法呢？

家長試一試

　　看到孩子在經歷不同階段的表現時，有些爸媽會難以理解、體會，或是習慣性用「大人的方式」來引導，便可能逐漸在親子間產生距離。

　　有些時候，爸媽太過在意孩子還不會的事物，或在意孩子沒有聽從指令做事情，所以忙著教導、糾正，想辦法讓他們學會服從，專注在「問題」上的時間比尋找「原因」還多，於是不斷找資料、不斷詢問有相關經驗的照顧者或專家如何解決。這樣並沒有對錯，但若家長能再多花點心思觀察與關注您的寶貝、再多留意自己的言行身教對孩子的影響，或是多覺察一點自己的想法與觀念，有時候會比請教他人或尋求資訊更加有效且深刻。

作者的補充加油站

　　我們在評估孩子身心發展狀況時，常會對照「發展量表」，從耳熟能詳的「七坐八爬」開始，學齡前的兒童每隔幾週、幾個月就會在動作、語言、認知、食衣住行等各領域，學會一種嶄新的「技能」，大人們不妨試想：若我們也一樣需要在連續幾個月內，身心狀況大幅突破過往的自己，感受將會如何呢？

　　第一次進入幼兒園、第一次自己上廁所、第一次自己搭車的感覺……，我們還記得多少呢？這些經歷，不是每次都有人陪伴，有的時候我們必須獨自面對，在一次次翻閱過後回頭看，才察覺自己正在成長、已經成長。

　　成長的路上，時時刻刻需要適應與學習，每個人適應環境的速度與能力本來就不一樣，理想狀態是不論到何處都能隨遇而安，若沒有許多經驗的累積及足夠的環境刺激，想要快速適應新事物就會比較辛苦。

　　「成長」對於兒童而言，每天都是充滿喜悅、驚喜，卻又伴隨不少壓力的，此時若能擁有爸媽的愛、陪伴與體諒，相信他們成長的道路，一定能走的更加順暢。

小Q不想倒垃圾

到了垃圾車要來的時間， 我正在開心的玩玩具。 媽媽請我一起拿垃圾出去等車。

我覺得垃圾好髒又好臭， 好麻煩！
請翻到第 46 頁

我想玩玩具，不想要倒垃圾。
請翻到第 47 頁

想想看
如果是你的話，會有什麼感覺呢？你會怎麼做呢？

家裡垃圾好多好臭，媽媽好辛苦， 所以我要幫忙！
請翻到第 48 頁

我不喜歡去倒垃圾。
請翻到第 49 頁

接著想想 這樣會有哪些不同的結果呢？跟爸媽討論後再翻面喔！ ➡ 45

我不想去，
我不要去！

垃圾好髒喔！

小Q走吧！

媽媽說如果不倒垃圾，垃圾會越來越臭，家裡也會有臭味，等一下好好洗手就不會髒了。

家裡變得很乾淨，我覺得倒垃圾也沒有想像中那麼髒。

倒ㄉㄠ垃ㄌㄜ圾ㄙㄜ不ㄅㄨ是ㄕˋ我ㄨˇ的ㄉㄜ事ㄕˋ, 我ㄨˇ只ㄓˇ想ㄒㄧㄤˇ繼ㄐㄧˋ續ㄒㄩˋ玩ㄨㄢˊ玩ㄨㄢˊ具ㄐㄩˋ。

我ㄨˇ把ㄅㄚˇ耳ㄦˇ朵ㄉㄨㄛ摀ㄨˇ住ㄓㄨˋ, 假ㄐㄧㄚˇ裝ㄓㄨㄤ沒ㄇㄟˊ聽ㄊㄧㄥ到ㄉㄠˋ。

媽ㄇㄚ媽ㄇㄚ把ㄅㄚˇ我ㄨˇ的ㄉㄜ玩ㄨㄢˊ具ㄐㄩˋ收ㄕㄡ起ㄑㄧˇ來ㄌㄞˊ, 我ㄨˇ在ㄗㄞˋ旁ㄆㄤˊ邊ㄅㄧㄢ大ㄉㄚˋ哭ㄎㄨ。

我趕緊放下玩具，拿起垃圾跟媽媽一起去等車來。

等車時，媽媽說我好貼心，放下玩具來幫忙。

媽媽一個人很辛苦，我想一起幫忙。

媽媽說跟我一起做家事的感覺真好，誇獎我長大了很懂事，給我一個擁抱。

雖然我不想去，
但還是拿起垃圾
跟著媽媽走。

媽媽問我是不是
不想去？我告訴
媽媽我不喜歡倒
垃圾，但是放在
家裡會發臭。

媽媽摸摸我的頭
說：「雖然你不喜
歡卻還是一起做
家事了，是個懂
事的小幫手！」

小Q，你是最
棒的小幫手。

如果是你會怎麼做？哪一種方法最好？想想看，有沒有更好的辦法呢？

家長試一試

　　在眾多的家事項目裡，許多孩子都不喜歡倒垃圾，因為垃圾不僅有味道，還要拿到外面去等待垃圾車，有時還要分類垃圾，實在不是件容易的事情。

　　建議平時就告訴孩子們該做的事情，讓孩子了解「家，是全家人一起共同維持的」。

　　爸媽可以和孩子一同思考、討論：

①什麼是家事？家事有哪些？

②是否能理解孩子不願意做家事的原因，如：大人也不希望在工作時被打斷，對孩子來說玩玩具等同於大人在工作般重要。

③若希望孩子能為家庭盡一份心力，孩子願意選擇的家事是什麼？

　　透過這樣的方式，讓孩子一同參與家事，讓孩子理解做家事不是在「幫忙」，而是本來就該做的事唷！

作者的補充加油站

　　近年來，有越來越多的孩子被家長帶到醫院作評估，不外乎是專注力或行為問題。這樣的狀況大多是家長平時沒有給予足夠的刺激或是練習機會，導致他們的肌肉力量不足、生活自理能力不足、家事能力不足。其實，只要在生活中多讓孩子學習自理，全家一起做家事，就能增長孩子的肌肉與協調發展、身體控制能力。

　　透過做家事，孩子能實際體會大人的辛勞，培養責任感，扭轉不適切的任務歸屬心態，也能讓孩子學習配合時間做事，加強動作計畫與解決問題的能力，讓孩子學習獨立、充滿自信。

菲菲不做危險的事情

學校的作業要用蠟筆畫圖，但抽屜裡只有彩色筆，媽媽把蠟筆收在櫃子上，我拿不到。媽媽剛好在睡午覺，沒有人可以幫我拿。

等媽媽睡完午覺，再請她幫我拿蠟筆。
請翻到第 53 頁

我想趕緊畫完，用彩色筆塗色應該沒關係啦！ 請翻到第 52 頁

想想看
如果是你的話，會有什麼感覺呢？你會怎麼做呢？

我想站在椅子上，拿櫃子上的蠟筆。
請翻到第 55 頁

我想去叫醒媽媽，請她幫我拿蠟筆。
請翻到第 54 頁

接著想想 這樣會有哪些不同的結果呢？跟爸媽討論後再翻面喔！ ➡

媽媽醒來後，問我為什麼作業用彩色筆塗色？

我告訴媽媽我不是故意的，我以為沒有關係。

因為我拿不到蠟筆，才用彩色筆畫的。

媽媽說作業規定要用蠟筆畫，你可以請媽媽起來幫你拿。

我們用蠟筆重新畫吧！

我決定先做別的事情。媽媽醒來後，發現我沒有寫作業。

我跟媽媽說我沒有忘記寫作業，是因為拿不到蠟筆，又不想吵到媽媽。

我現在來拿蠟筆。

媽媽說我很懂事，讓她好好休息又很注意自己的安全。

拿到蠟筆了，媽媽陪你一起寫作業吧！

我把熟睡的媽媽叫醒，媽媽還是很累的樣子。

叫我有什麼事？

我向媽媽說因為我想趕快寫作業，媽媽幫我拿了蠟筆就可以好好休息了。

媽媽說沒關係，以後遇到類似的事情，還是要請大人幫忙。

我ㄨˇ爬ㄆㄚˊ上ㄕㄤˋ椅ㄧˇ子ㄗ˙沒ㄇㄟˊ拿ㄋㄚˊ到ㄉㄠˋ蠟ㄌㄚˋ筆ㄅㄧˇ，下ㄒㄧㄚˋ來ㄌㄞˊ時ㄕˊ還ㄏㄞˊ不ㄅㄨˋ小ㄒㄧㄠˇ心ㄒㄧㄣ摔ㄕㄨㄞ到ㄉㄠˋ地ㄉㄧˋ上ㄕㄤˋ，痛ㄊㄨㄥˋ得ㄉㄜ˙大ㄉㄚˋ哭ㄎㄨ。

媽ㄇㄚ媽ㄇㄚ˙被ㄅㄟˋ我ㄨㄛˇ的ㄉㄜ˙哭ㄎㄨ聲ㄕㄥ嚇ㄒㄧㄚˋ醒ㄒㄧㄥˇ，好ㄏㄠˇ險ㄒㄧㄢˇ沒ㄇㄟˊ有ㄧㄡˇ受ㄕㄡˋ傷ㄕㄤ，但ㄉㄢˋ媽ㄇㄚ媽ㄇㄚ˙難ㄋㄢˊ過ㄍㄨㄛˋ又ㄧㄡˋ擔ㄉㄢ心ㄒㄧㄣ。

扉扉你怎麼了？

我ㄨㄛˇ跟ㄍㄣ媽ㄇㄚ媽ㄇㄚ˙說ㄕㄨㄛ我ㄨㄛˇ下ㄒㄧㄚˋ次ㄘˋ不ㄅㄨˋ敢ㄍㄢˇ了ㄌㄜ˙，以ㄧˇ後ㄏㄡˋ危ㄨㄟ險ㄒㄧㄢˇ的ㄉㄜ˙事ㄕˋ會ㄏㄨㄟˋ請ㄑㄧㄥˇ大ㄉㄚˋ人ㄖㄣˊ幫ㄅㄤ忙ㄇㄤˊ。

如果是你會怎麼做？哪一種方法最好？想想看，有沒有更好的辦法呢？

55

家長試一試

身為大人，相信你我心中都有一套方法，能快速、有效率又省力的完成任務，站在爸媽的立場，當然會希望孩子做事俐落、趕緊把事情做好，但這也可能會阻礙孩子思考，因此家長要練習避免不經意或看不下去，而開口指導孩子做事的方法，多讓孩子嘗試犯錯，增加摸索學習的經驗，並透過思考，加深印象。

爸媽也不妨透過故事事件，帶著孩子一起思考：

①不同決定後的結果可能有哪些？

②面對那樣的後果，覺得該怎麼處理比較好？

順便了解孩子遇到事情的想法。比起直接告訴孩子答案，或灌輸固定的觀念與方法，不如透過情境，讓爸媽與孩子在討論中更加了解彼此，並歸納出適切的處理方法。

作者的補充加油站

解決問題的能力，不論成人或孩子都很需要，這樣的能力並非與年齡成正比，雖然隨著孩子年紀漸增，認知能力會提升，不過問題解決能力與經驗較有關係，若有更多機會練習，遇到突發狀況反時，應會相對比較快，方法也比較多，且更加不會懼怕嘗試與失敗。

俗話說的好：「不經一事，不長一智。」孩子需要在生活中不斷積累思考與嘗試，在腦中留下痕跡，再加上參考過來人的經驗分享、綜合各種不同來源的知識，將來孩子在成長的路上遭遇不同的情境，就不太會卡住或鑽牛角尖，可以逐漸有彈性，更加面面俱到。

想想學習單

發生時間

事件內容

結果是什麼？

當時的我怎麼做？

現在的我會怎麼做？　　　　　　可能有什麼後果呢？
（至少想三個）

1

2

3

所以，哪一個方法最好呢？　為什麼？

國家圖書館出版品預行編目（CIP）資料

我們吵架了——黃彥鈞給孩子的情緒控制繪本／黃彥鈞文；許匡匡圖.
-- 第一版.-- 臺北市：親子天下股份有限公司，2021.06
60面；21×26公分. --（繪本；274）
注音版
ISBN 978-626-305-011-2（精裝）

1.生活教育 2.情緒管理 3.繪本

528.33   110006763

繪本 0274

我們吵架了 黃彥鈞給孩子的情緒控制繪本

作者｜黃彥鈞　繪者｜許匡匡

責任編輯｜張佑旭　美術設計｜林子晴　封面設計｜廖瑞環　行銷企劃｜陳亭文
天下雜誌群創辦人｜殷允芃　董事長兼執行長｜何琦瑜
媒體暨產品事業群
總經理｜游玉雪　副總經理｜林彥傑　總編輯｜林欣靜　行銷總監｜林育菁
資深主編｜蔡忠琦　版權主任｜何晨瑋、黃微真

出版者｜親子天下股份有限公司　地址｜台北市 104 建國北路一段 96 號 4 樓
電話｜（02）2509-2800　傳真｜（02）2509-2462　網址｜www.parenting.com.tw
讀者服務專線｜（02）2662-0332　週一～週五：09:00~17:30
傳真｜（02）2662-6048　客服信箱｜parenting@cw.com.tw
法律顧問｜台英國際商務法律事務所‧羅明通律師
製版印刷｜中原造像股份有限公司
總經銷｜大和圖書有限公司　電話：（02）8990-2588

出版日期｜ 2021 年 6 月第一版第一次印行
　　　　　 2024 年 2 月第一版第五次印行
定價｜ 400 元　書號｜ BKKP0274P　ISBN｜ 978-626-305-011-2（精裝）

訂購服務 ─────────────────
親子天下 Shopping｜ shopping.parenting.com.tw
海外‧大量訂購｜ parenting@cw.com.tw
書香花園｜台北市建國北路二段 6 巷 11 號　電話（02）2506-1635
劃撥帳號｜ 50331356　親子天下股份有限公司

立即購買 >